毎日
Continue Studying English Every Day!
続ける!
英語リスニング１

・英検３級〜準２級レベル・

木村達哉 著

三省堂

はじめに

　みなさん、こんにちは。木村達哉です。まずはこの本を手に取ってくださってありがとうございます。

　この本はリスニングの点数が伸びなくて悩んでいる人のために書きました。挫折せずに最後まで続けてもらえればかなりのリスニング力が身につく本です。僕は教え子たちに「リスニングは得点源だ」と言い続けてきましたし、実際に彼らは東京大学の入試やセンター試験（2020年度からは共通テスト）、あるいは英検やGTECにおいて、リスニングではかなりの点数を取っています。長文読解では単語レベルが高くて点数が取れないが、リスニングならば満点が狙えると言った生徒もいます。

　では、どうすれば高いリスニング力が身につくのでしょう。その秘訣がこの本には詰まっています。信じて取り組んでください。また、挫折してもらいたくないという思いが強くあります。挫折さえしなければあなたのリスニング力は確実に伸びるからです。各DAYの最後をご覧ください。QRコードが貼り付けてあるのがおわかりいただけるはずです。ここから僕のメッセージ動画を見ることができます。みなさんが「明日もやろう！」と思えるような内容やリスニング学習の具体的アドバイスを話していますので、必ずチェックし、絶対に挫折しないようにしてくださいね。

　改めて申し上げますが、リスニングは得点源です。続ければ必ず点数が伸びます。最後までこの本の指示に従って、トレーニングを続けていってください。応援しています！

木村達哉

目次

専用アプリで音声無料ダウンロード

書名を選んでクラウドマークをタップ!

Webでも音声を無料で提供しています。

https://tb.sanseido-publ.co.jp/gakusan/mainichi-l/ ▶

本書の構成

本書は、DAY1〜14までの全14レッスンから成り、2週間であなたのリスニング力を飛躍的にアップさせる教材です。まずは、各レッスンの学習予定日を書き入れ、その計画通りに学習を進めましょう。また、各レッスンの終わりには著者のワンポイントアドバイス動画もついていますので、毎日の学習の締めくくりに見てみよう。

Question

まずは内容が聞き取れているか、チェックしよう。ただし、正解したかどうかに一喜一憂することなく、各 Mission のトレーニングに励もう。

学習予定日・学習日

まずは全レッスンの学習予定日を書き入れ、その通りに学習を進めよう。

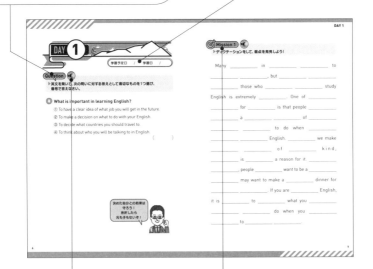

音声マーク

このマークがある部分は音声を聞いてトレーニングを行おう。

Mission 1

英文がどれだけ聞き取れているかディクテーションをして確認しよう。

※ディクテーション
…聞き取った英文を書き取るトレーニング。

Mission 2

ディクテーションでどこが聞き取れて、どこが聞き取れなかったのかを確認しよう。きちんと聞き取れていなかった箇所が弱点だ。

Mission 4

英文の意味がきちんと理解できているか確認しよう。解答は次ページの英文訳で確認しよう。

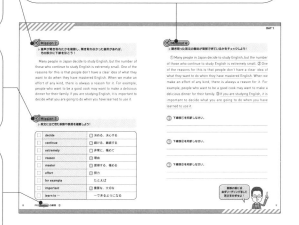

Mission 3

英文内に知らない単語や表現があれば、ここでしっかり確認しよう。

Question の解答

前ページの Question の答え合わせをしよう。問題文と選択肢の和訳は P94–95 の「Question の日本語訳」を参照しよう。

英文訳

聞き取った英文の和訳を見て、どれだけ意味が理解できているか確認しよう。

Mission 5

英文をしっかりと理解した後で、Mission 2 にある英文スクリプトを見ながら、オーバーラッピング・シャドーイングをそれぞれ10回ずつ行おう。

※オーバーラッピング
…英文スクリプトを見ながら、音声と同時に声を出す音読トレーニング。

※シャドーイング
…英文スクリプトを見ずに、音声を追いかけるように声を出す音読トレーニング。

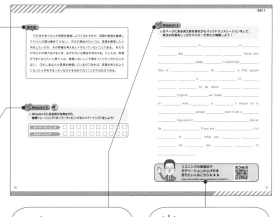

Mission 6

英文を脳にしっかりと刷り込んだら、最後の仕上げに、日本語を見ながら英語にできるか確認しよう。

ワンポイントアドバイス

著者からのワンポイントアドバイス動画が見られるよ。毎日の学習の締めくくりに見てみよう。

学習予定日　／　　学習日　／

Question

▶英文を聞いて、次の問いに対する答えとして適切なものを1つ選び、番号で答えなさい。

Q What is important in learning English?

① To have a clear idea of what job you will get in the future.

② To make a decision on what to do with your English.

③ To decide what countries you should travel to.

④ To think about who you will be talking to in English.

（　　　）

決めた自分との約束は
守ろう！
挫折したら
元も子もないぞ！

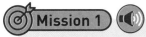

Mission 1

▶ディクテーションをして、弱点を発見しよう！

Many _____ in _____ _____ to

_____ _____, but _____ _____

_____ those who _____ _____ study

English is extremely _____. One of _____

_____ for _____ is that people _____

_____ a _____ _____ of _____

_____ _____ to do when _____

_____ _____ English. _____ we make

_____ _____ o f _____ k i n d,

_____ is _____ a reason for it. _____

_____, people _____ want to be a _____

_____ may want to make a _____ dinner for

_____ _____. If you are _____ English,

it is _____ to _____ what you _____

_____ _____ do when you _____

_____ to _____ _____.

Mission 2

▶ 音声が聞き取れたかを確認し、聞き取れなかった箇所があれば、
その部分に下線を引こう！

Many people in Japan decide to study English, but the number of those who continue to study English is extremely small. One of the reasons for this is that people don't have a clear idea of what they want to do when they have mastered English. When we make an effort of any kind, there is always a reason for it. For example, people who want to be a good cook may want to make a delicious dinner for their family. If you are studying English, it is important to decide what you are going to do when you have learned to use it.

Mission 3

▶ 英文に出てきた単語や表現を確認しよう！

☐	decide	動	決める、決心する
☐	continue	動	続ける、継続する
☐	extremely	副	非常に、極めて
☐	reason	名	理由
☐	master	名	習得する、極める
☐	effort	名	努力
☐	for example		たとえば
☐	important	形	重要な、大切な
☐	learn to 〜		〜できるようになる

🎯 Mission 4

▶聞き取った英文の意味が理解できているかをチェックしよう！

① Many people in Japan decide to study English, but the number of those who continue to study English is extremely small. ② One of the reasons for this is that people don't have a clear idea of what they want to do when they have mastered English. When we make an effort of any kind, there is always a reason for it. For example, people who want to be a good cook may want to make a delicious dinner for their family. ③ If you are studying English, it is important to decide what you are going to do when you have learned to use it.

Q1 下線部①を和訳しなさい。

_____

_____

Q2 下線部②を和訳しなさい。

_____

_____

Q3 下線部③を和訳しなさい。

_____

_____

音読の前には
必ずリーディングをして
英文を分析せよ！

英文訳

①日本の多くの人が英語を勉強しようと決心するが、英語の勉強を継続して行う人の数は極めて少ない。 ②その理由のひとつは、英語を習得したら何をしたいのか、その明確な考えを人々がもっていないことである。 私たちが何らかの努力をするとき、必ずそれには理由が存在する。たとえば、料理がうまくなりたいと思う人は、家族においしい夕食をつくりたいのかもしれない。 ③もしあなたが英語を勉強しているのであれば、英語を使えるようになったら何をするつもりなのかを決めておくことが大切なのである。

▶Mission 2にある英文を見ながら、
　音読トレーニング（オーバーラッピング＆シャドーイング）をしよう！

オーバーラッピング	☐	☐	☐	☐	☐	☐	☐	☐	☐	☐
シャドーイング	☐	☐	☐	☐	☐	☐	☐	☐	☐	☐

Mission 6

▶左ページにある英文訳を見ながらバックトランスレーションをして、
英文の内容をしっかりマスターできたか確認しよう！

_____ _____ in _____ _____ to _____

_____, but _____ _____ _____ those who

_____ _____ study _____ is extremely _____.

One of _____ _____ for _____ is that people

_____ _____ a _____ _____ of _____

_____ _____ to do when _____ _____

_____ English. _____ we make _____ _____

of _____ kind, _____ is _____ a reason for it.

_____ _____, people _____ want to be a _____

_____ may want to _____ _____ _____ dinner

for _____ _____. If you are _____ _____, it is

_____ to _____ what you _____ _____

_____ do _____ you _____ _____ to

_____ _____.

リスニングの勉強法や
モチベーションの上げ方を
知りたい人はこちら▶▶▶
https://tb.sanseido-publ.co.jp/gakusan/mainichi-l/

Question 🔊

▶英文を聞いて、次の問いに対する答えとして適切なものを1つ選び、番号で答えなさい。

Q **What has recent research shown?**

① Those who have a stronger grip tend to live long.

② Holding an object for a long time makes your grip stronger.

③ As you increase your body muscles, your grip will be stronger.

④ You should watch your food to live for a long time.

(　　　　)

ディクテーションは
音読前の大切な作業！
手を抜くな！

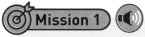

Mission 1 🔊

▶ディクテーションをして、弱点を発見しよう！

Recent _____ have _____ that _____

_____ who _____ for _____ _____

_____ have a _____ _____. It's _____ that

the _____ you _____ an _____, the _____

your grip _____. However, if you _____ a conscious

_____ to _____ _____ the muscles in your

_____ body, _____ your _____ _____, your

_____ will get _____. You don't _____

_____ go to the gym; you can _____ your _____

muscle _____ and make your _____ _____ by

_____ a conscious effort to _____ the stairs,

_____ _____ _____ in a _____ or

_____ a riverbank, _____ do squats _____.

_____ _____ _____, we _____ need to

_____ what we eat _____ _____ _____ live

longer, _____ it is also _____ to _____ our

bodies _____.

Mission 2

▶音声が聞き取れたかを確認し、聞き取れなかった箇所があれば、
その部分に下線を引こう！

Recent studies have shown that many people who live for a long time have a stronger grip. It's true that the longer you hold an object, the stronger your grip becomes. However, if you make a conscious effort to build up the muscles in your entire body, especially your lower body, your grip will get stronger. You don't need to go to the gym; you can increase your whole muscle power and make your grip stronger by making a conscious effort to climb the stairs, take a walk in a park or along a riverbank, or do squats daily. Needless to say, we also need to watch what we eat in order to live longer, but it is also important to keep our bodies fit.

Mission 3

▶英文に出てきた単語や表現を確認しよう！

☐	grip	名	握力、把握力
☐	object	名	物、対象、目的
☐	conscious	形	意識して、気づいて
☐	entire	形	全体の
☐	especially	副	特に、とりわけ
☐	take a walk		散歩する
☐	riverbank	名	川岸、川の土手
☐	needless to say		言うまでもなく
☐	in order to 〜		〜するために

 **Mission 4**

▶聞き取った英文の意味が理解できているかをチェックしよう！

①Recent studies have shown that many people who live for a long time have a stronger grip. It's true that the longer you hold an object, the stronger your grip becomes. ②However, if you make a conscious effort to build up the muscles in your entire body, especially your lower body, your grip will get stronger. You don't need to go to the gym; you can increase your whole muscle power and make your grip stronger by making a conscious effort to climb the stairs, take a walk in a park or along a riverbank, or do squats daily. ③Needless to say, we also need to watch what we eat in order to live longer, but it is also important to keep our bodies fit.

Q1 下線部①を和訳しなさい。

_____

_____

Q2 下線部②を和訳しなさい。

_____

_____

Q3 下線部③を和訳しなさい。

_____

_____

英文訳

①最近の研究は長生きする人の多くはより握力が強いということを示している。 ものを持つ時間が長いほど、握力は強くなるというのは事実だ。 ②しかし、体全体、特に下半身の筋肉を強くするよう意識的に努力すれば、握力は強くなるだろう。 スポーツジムに通う必要はない。階段をのぼったり、公園や川岸を散歩したり、スクワットを日常的に行ったりと意識的に努力することで、体全体の筋力を上げ、握力も強くすることができる。 ③長生きをするためには何を食べるのかに気をつける必要があるのは言うまでもないが、体を丈夫に保つこともまた大切である。

Mission 5

▶Mission 2にある英文を見ながら、
音読トレーニング（オーバーラッピング＆シャドーイング）をしよう！

オーバーラッピング	☐	☐	☐	☐	☐	☐	☐	☐	☐	☐
シャドーイング	☐	☐	☐	☐	☐	☐	☐	☐	☐	☐

🎯 Mission 6

▶左ページにある英文訳を見ながらバックトランスレーションをして、
英文の内容をしっかりマスターできたか確認しよう！

Recent _____ have _____ that _____ _____ who

_____ for _____ _____ _____ have a _____ _____.

_____ _____ that the _____ you _____ an _____, the

_____ your _____ _____. However, if you _____ a

_____ _____ to _____ _____ the muscles in your

_____ body, _____ your _____ _____, your _____ will

get _____. You don't _____ _____ go to the _____; you

can _____ your _____ muscle _____ and _____

_____ _____ _____ by _____ a conscious _____ to

_____ the _____, _____ _____ _____ in a _____

or _____ a riverbank, _____ do squats _____. _____

_____ _____, we _____ need to _____ what we

_____ _____ _____ _____ live _____, _____ it is

also _____ to _____ our bodies _____.

リスニングの勉強法や
モチベーションの上げ方を
知りたい人はこちら▶▶▶
https://tb.sanseido-publ.co.jp/gakusan/mainichi-l/

DAY 3

学習予定日　　/　　　学習日　　/

Question

▶ **英文を聞いて、次の問いに対する答えとして適切なものを1つ選び、番号で答えなさい。**

Q　What does the speaker mean?

① Some say that the education-conscious society ended, but this is not true.

② Society's emphasis on education is over, but companies still value it.

③ It's good to see so many students going on to university.

④ Even if you go to a good university, it doesn't mean you can work for a good company.

（　　　　）

音読の際には
英語ネイティブを
真似る意識をもとう！

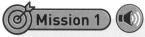

Mission 1

▶ディクテーションをして、弱点を発見しよう！

It is _____ said that the education-conscious _____ _____ in the Showa _____, _____ this is _____ _____ at all. _____ _____, if you _____ the _____ of _____ _____ for students _____ Tokyo University _____ _____ for students at provincial _____, the number of _____ in the _____ _____ is _____ greater than in the _____, and, _____, the former can _____ _____ _____ from _____ a very _____ _____ of options. _____, the average lifetime _____ of those who _____ _____ a high-ranking _____ is higher than _____ _____ those who did not, with an _____ _____ of 80 million yen between _____ and _____ _____ graduates. However, _____ two people _____ in _____ _____ _____, their _____ _____ does not _____ their _____ prospects. So, _____ _____ _____ alone, _____ _____ be _____ to _____ that the education-conscious society _____ _____.

Mission 2

▶音声が聞き取れたかを確認し、聞き取れなかった箇所があれば、
その部分に下線を引こう！

It is often said that the education-conscious society ended in the Showa era, but this is not true at all. For example, if you compare the number of employment offers for students at Tokyo University with those for students at provincial universities, the number of companies in the former case is far greater than in the latter, and, therefore, the former can take a job from among a very wide variety of options. Also, the average lifetime income of those who studied at a high-ranking university is higher than that of those who did not, with an average difference of 80 million yen between college and high school graduates. However, when two people work in the same company, their educational background does not affect their career prospects. So, in that sense alone, it may be safe to say that the education-conscious society is over.

Mission 3

▶英文に出てきた単語や表現を確認しよう！

☐	education-conscious society	学歴社会
☐	era	名 時代、時期、紀元
☐	employment offer	雇用の申し出、求人
☐	provincial university	地方大学
☐	income	名 収入、所得
☐	million	名 100万
☐	background	名 背景、経歴
☐	in that sense	その意味では

Mission 4

▶聞き取った英文の意味が理解できているかをチェックしよう！

①It is often said that the education-conscious society ended in the Showa era, but this is not true at all. For example, if you compare the number of employment offers for students at Tokyo University with those for students at provincial universities, the number of companies in the former case is far greater than in the latter, and, therefore, the former can take a job from among a very wide variety of options. ②Also, the average lifetime income of those who studied at a high-ranking university is higher than that of those who did not, with an average difference of 80 million yen between college and high school graduates. ③However, when two people work in the same company, their educational background does not affect their career prospects. So, in that sense alone, it may be safe to say that the education-conscious society is over.

Q1 下線部①を和訳しなさい。

_____

_____

Q2 下線部②を和訳しなさい。

_____

_____

Q3 下線部③を和訳しなさい。

_____

_____

①学歴社会は昭和時代に終わったと言われることが多いが、それはまったく真実ではない。　たとえば、東京大学の学生に届く求人と地方大学の学生に届くそれの数を比較すると、前者のほうが後者より企業数は圧倒的に多く、したがって、非常に多岐にわたる選択肢の中から仕事を選ぶことができる。　②また、難関大学で学んだ人はそうでない人よりも、生涯に手にする収入の平均が高くなり、大卒と高卒とでは平均すると8000万円の差がある。③ただし、2人が同じ企業で働いている場合、学歴が彼らの出世に影響を及ぼすことはない。　よって、その意味でのみ学歴社会は終わったと言ってよいかもしれない。

 Mission 5

▶Mission 2にある英文を見ながら、
　音読トレーニング（オーバーラッピング＆シャドーイング）をしよう！

| オーバーラッピング ▶ | ☐ | ☐ | ☐ | ☐ | ☐ | ☐ | ☐ | ☐ | ☐ |
| シャドーイング ▶ | ☐ | ☐ | ☐ | ☐ | ☐ | ☐ | ☐ | ☐ | ☐ |

Mission 6

▶左ページにある英文訳を見ながらバックトランスレーションをして、
英文の内容をしっかりマスターできたか確認しよう！

It is _____ said that the education-conscious _____ _____ in the Showa _____, _____ this is _____ _____ _____ _____. _____ _____, if you _____ the _____ of _____ _____ for _____ _____ Tokyo University _____ _____ for _____ at provincial _____, the _____ of _____ in the _____ _____ is _____ _____ than in the _____, and, _____, the _____ can _____ _____ _____ from _____ a very _____ _____ of options. _____, the _____ lifetime _____ of those who _____ _____ a high-ranking _____ is higher than _____ _____ those _____ did not, with an _____ _____ of 80 _____ yen between _____ and _____ _____ _____. However, _____ two people _____ in _____ _____ _____, their _____ _____ does not _____ their _____ prospects. So, _____ _____ _____ alone, _____ _____ be _____ to _____ that the education-conscious society _____ _____.

リスニングの勉強法や
モチベーションの上げ方を
知りたい人はこちら▶▶▶
https://tb.sanseido-publ.co.jp/gakusan/mainichi-l/

学習予定日　/　学習日　/

 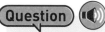

▶英文を聞いて、次の問いに対する答えとして適切なものを1つ選び、番号で答えなさい。

Q What do the experts say is dangerous?

① Insects harmful to humans are appearing.

② Insects can have a negative influence on crops.

③ The number of insects around the world is increasing dramatically.

④ About one third of all the insects are dying out.

(　　　)

知らない単語があっても気にするな！音読の際に覚えよう！

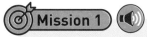

Mission 1 🔊

▶ディクテーションをして、弱点を発見しよう！

There is no _____ _____ to _____ _____ "who _____ the earth?", but _____ _____ _____ number, _____ clearly _____ _____ _____. There are _____ 950,000 _____ of insects that we _____ _____ about, and _____ _____ _____ to count _____ _____ _____ of insects living _____ _____ _____. Insects _____ _____ the _____ of _____ on earth and _____ _____ important _____ to _____ and _____, _____ _____. They _____ _____ _____ birds and small _____, help _____ 80 percent of the world's cereal _____, and _____ _____ to agriculture by _____ _____. _____, 30 percent of insects are _____ _____, and _____ are sounding _____ _____ as this situation _____ _____ _____ have a _____ _____ on human life.

Mission 2

▶音声が聞き取れたかを確認し、聞き取れなかった箇所があれば、
その部分に下線を引こう！

There is no correct answer to the question "who rules the earth?", but in terms of number, insects clearly dominate the earth. There are about 950,000 species of insects that we already know about, and it is impossible to count the total number of insects living on the planet. Insects make up the majority of life on earth and many provide important benefits to plants and animals, including humans. They provide food for birds and small mammals, help with 80 percent of the world's cereal crops, and are useful to agriculture by creating soil. However, 30 percent of insects are in danger, and experts are sounding the alarm as this situation is likely to have a negative impact on human life.

Mission 3

▶英文に出てきた単語や表現を確認しよう！

☐	rule	動	支配する
☐	in terms of 〜		〜に関して、〜の点で
☐	insect	名	昆虫
☐	species	名	種、種類
☐	majority	名	大半、大多数
☐	provide	動	与える、提供する
☐	benefit	名	利益、恩恵
☐	mammal	名	哺乳動物
☐	be likely to 〜		〜しそうだ

 **Mission 4**

▶聞き取った英文の意味が理解できているかをチェックしよう！

There is no correct answer to the question "who rules the earth?", but in terms of number, insects clearly dominate the earth. ① There are about 950,000 species of insects that we already know about, and it is impossible to count the total number of insects living on the planet. Insects make up the majority of life on earth and many provide important benefits to plants and animals, including humans. ② They provide food for birds and small mammals, help with 80 percent of the world's cereal crops, and are useful to agriculture by creating soil. ③ However, 30 percent of insects are in danger, and experts are sounding the alarm as this situation is likely to have a negative impact on human life.

Q1 下線部①を和訳しなさい。

_____

_____

Q2 下線部②を和訳しなさい。

_____

_____

Q3 下線部③を和訳しなさい。

_____

_____

英文訳

　「地球の支配者は誰か」という問いに正しい答えはないが、数という観点からすると、明らかに昆虫が地球を支配している。　①私たちがすでに知っているものだけで約95万種の昆虫が存在し、地球に住む昆虫の総数を数えることは不可能である。　昆虫は地球の生命の大半を占めており、多くが人類を含む動植物に重要な恩恵をもたらしている。　②鳥や小型哺乳動物の食べ物となり、世界の穀物の80%を助け、土を作って農業の役に立っている。③しかし、昆虫の30%が危機に瀕しており、この状況が人類の生活に悪影響を及ぼしそうだと専門家が警鐘を鳴らしている。

▶Mission 2 にある英文を見ながら、
　音読トレーニング（オーバーラッピング＆シャドーイング）をしよう！

| オーバーラッピング ▶ | ☐ | ☐ | ☐ | ☐ | ☐ | ☐ | ☐ | ☐ | ☐ | ☐ |
| シャドーイング ▶ | ☐ | ☐ | ☐ | ☐ | ☐ | ☐ | ☐ | ☐ | ☐ | ☐ |

◎ Mission 6

▶左ページにある英文訳を見ながらバックトランスレーションをして、英文の内容をしっかりマスターできたか確認しよう！

_____ _____ no _____ _____ to _____ _____ "who _____ the earth?", but _____ _____ _____ number, _____ clearly _____ _____ _____. There are _____ 950,000 _____ of insects that we _____ _____ about, and _____ _____ _____ to _____ _____ _____ _____ of insects _____ _____ _____ _____. Insects _____ _____ the _____ of _____ on _____ and _____ _____ important _____ to _____ and _____, _____ _____. They _____ _____ _____ birds and small _____, help _____ 80 percent of the world's cereal _____, and _____ _____ to _____ by _____ _____. _____, 30 percent of insects are _____ _____, and _____ are sounding _____ _____ as this situation _____ _____ _____ have a _____ _____ on _____ _____.

リスニングの勉強法や
モチベーションの上げ方を
知りたい人はこちら▶▶▶
https://tb.sanseido-publ.co.jp/gakusan/mainichi-l/

DAY 5

学習予定日　　/　　学習日　　/

Question

▶英文を聞いて、次の問いに対する答えとして適切なものを1つ選び、
番号で答えなさい。

Q **What are elephants' natural enemies?**

① Lions and humans.

② Other elephants and humans.

③ Meat-eating animals.

④ Other elephants and meat-eating animals.

(　　　　)

リスニング学習をする
と読む力も書く力も
話す力も伸びるぞ！

Mission 1

▶ディクテーションをして、弱点を発見しよう！

Elephants are _____ _____ _____ land
_____ and _____ _____ _____ with
children who _____ _____ them _____
_____. But elephants _____ _____ fierce,
_____ _____ meat-eating _____ _____
_____ lions and tigers can't _____ _____
_____ elephants _____ _____. However,
_____, and _____ elephants _____ _____,
are _____ _____ _____ dying out, having
_____ in number from 10 million _____ 350,000
_____ _____ _____ 100 years. _____
_____ deaths, there are _____ _____ natural
enemies _____ _____ elephants _____
_____. One _____ _____ is _____
elephants and _____ _____ is _____.
_____ _____ know _____ _____ elephants
are _____ _____ by humans who _____
_____ _____ get ivory.

▶音声が聞き取れたかを確認し、聞き取れなかった箇所があれば、
その部分に下線を引こう！

Elephants are the world's largest land animals and are very popular with children who can see them at zoos. But elephants are surprisingly fierce, and even meat-eating animals such as lions and tigers can't get close to elephants very easily. However, elephants, and African elephants in particular, are in danger of dying out, having declined in number from 10 million to 350,000 in the last 100 years. Besides natural deaths, there are two other natural enemies that cause elephants to die. One of them is other elephants and the other is humans. We should know that many elephants are still killed by humans who are trying to get ivory.

◎ **Mission 3**

▶英文に出てきた単語や表現を確認しよう！

☐	surprisingly	副 驚くほどに、非常に
☐	fierce	形 獰猛な
☐	such as 〜	〜などの
☐	in particular	特に、とりわけ
☐	besides 〜	前 〜に加え、〜以外に
☐	cause	動 原因となる、引き起こす
☐	still	副 まだ、依然として
☐	ivory	名 象牙

Mission 4

▶聞き取った英文の意味が理解できているかをチェックしよう！

Elephants are the world's largest land animals and are very popular with children who can see them at zoos. ① But elephants are surprisingly fierce, and even meat-eating animals such as lions and tigers can't get close to elephants very easily. ② However, elephants, and African elephants in particular, are in danger of dying out, having declined in number from 10 million to 350,000 in the last 100 years. Besides natural deaths, there are two other natural enemies that cause elephants to die. One of them is other elephants and the other is humans. ③ We should know that many elephants are still killed by humans who are trying to get ivory.

Q1 下線部①を和訳しなさい。

_____

_____

Q2 下線部②を和訳しなさい。

_____

_____

Q3 下線部③を和訳しなさい。

_____

_____

　　ゾウは世界最大の陸上生物で、動物園で彼らを見ることができる子どもた ちには大人気だ。　①しかしゾウは驚くほど獰猛で、ライオンやトラなどの肉 食動物でさえもそうそう容易にはゾウに近づくことができない。　②しかし、 ゾウ、特にアフリカゾウはこの100年間で1000万頭から35万頭にまで減少し、 絶滅の危機に瀕している。　自然死以外に、ゾウに死をもたらす天敵が2つ ある。その1つは他のゾウであり、もう1つが人間である。　③象牙を手に 入れようとする人間によって多くのゾウが今もなお殺されていることを私た ちは知っておくべきであろう。

 Mission 5

▶Mission 2にある英文を見ながら、
　音読トレーニング（オーバーラッピング＆シャドーイング）をしよう！

オーバーラッピング	□	□	□	□	□	□	□	□	□	□
シャドーイング	□	□	□	□	□	□	□	□	□	□

Mission 6

▶左ページにある英文訳を見ながらバックトランスレーションをして、
英文の内容をしっかりマスターできたか確認しよう！

Elephants are _____ _____ _____ land _____ and

_____ _____ _____ with _____ who _____ _____

them _____ _____. But elephants _____ _____ fierce,

_____ _____ meat-eating _____ _____ _____ lions

and tigers _____ _____ _____ _____ elephants

_____ _____. _____, _____, and _____ elephants

_____ _____, are _____ _____ _____ _____ out,

having _____ in number from 10 million _____ 350,000

_____ _____ _____ 100 years. _____ _____ deaths,

there are _____ _____ natural _____ _____ _____

elephants _____ _____. One _____ _____ is _____

elephants and _____ _____ is _____. _____ _____

know _____ _____ elephants are _____ _____ by

_____ who _____ _____ _____ get _____.

リスニングの勉強法や
モチベーションの上げ方を
知りたい人はこちら▶▶▶
https://tb.sanseido-publ.co.jp/gakusan/mainichi-l/

DAY 6

Question 🔊

▶英文を聞いて、次の問いに対する答えとして適切なものを1つ選び、番号で答えなさい。

Q What does the speaker mean?

① It's good that students like club activities, but they should study harder.

② Students like club activities, so they tend to choose jobs that have relation to them.

③ If students love club activities, they should try to connect them to their future.

④ Students should work out in club activities in order to have a fun life.

(　　　　)

音読→日本語を英語に
直す→できなかったら
また音読！

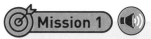

Mission 1

▶ディクテーションをして、弱点を発見しよう！

Many _____ _____ and high _____ _____

in Japanese schools _____ _____ _____ club

activities. _____ the _____ _____, _____

many students _____ _____ _____ their club

_____ _____ their _____ _____. Many

_____ _____ study English or mathematics and

_____ _____ to university _____ the _____

of _____ a _____ job. However, _____

_____ are _____ to concentrate _____ their

_____, which they _____ _____ above all.

_____ _____ really _____ that _____

activity, they _____ think _____ _____ they

_____ _____ it in their _____. If _____

_____ _____ that, they _____ have _____

_____ _____ and fulfilling _____.

Mission 2

▶音声が聞き取れたかを確認し、聞き取れなかった箇所があれば、
その部分に下線を引こう！

Many junior high and high school students in Japanese schools are active in club activities. On the other hand, not many students seem to link their club activities to their future goals. Many seem to study English or mathematics and go on to university in the hope of finding a good job. However, many students are unable to concentrate on their studies, which they should do above all. If they really like that club activity, they should think about how they can use it in their future. If they can do that, they can have a pretty fun and fulfilling life.

Mission 3

▶英文に出てきた単語や表現を確認しよう！

	active	形 活動的な、積極的な
	on the other hand	他方では、その一方
	link	動 つなぐ、結びつける
	goal	名 目標
	concentrate	動 集中する
	above all	何よりも
	pretty	副 かなり
	fulfilling	形 充実感の得られる

Mission 4

▶聞き取った英文の意味が理解できているかをチェックしよう!

① Many junior high and high school students in Japanese schools are active in club activities. On the other hand, not many students seem to link their club activities to their future goals. Many seem to study English or mathematics and go on to university in the hope of finding a good job. ② However, many students are unable to concentrate on their studies, which they should do above all. ③ If they really like that club activity, they should think about how they can use it in their future. If they can do that, they can have a pretty fun and fulfilling life.

Q1 下線部①を和訳しなさい。

_____

_____

Q2 下線部②を和訳しなさい。

_____

Q3 下線部③を和訳しなさい。

_____

_____

バックトランスレーションで英語を話す力は劇的に上がる!

①日本の学校では、クラブ活動を積極的にしている中学生と高校生が多い。 一方で、そのクラブ活動を将来の自分の目標と結びつけている生徒はあまり多くない。英語や数学の勉強をして大学に進み、よい職業に就きたいと願っている生徒が多い。 ②しかし、何よりもやるべき勉強に集中できない生徒も多い。 ③本当にクラブ活動が好きなのであれば、その活動を自分の将来にどう役立てることができるのかを考えるべきである。 それができれば、かなり楽しい充実した人生が送れるだろう。

Mission 5

▶Mission 2にある英文を見ながら、
音読トレーニング（オーバーラッピング＆シャドーイング）をしよう！

オーバーラッピング										
シャドーイング										

🎯 Mission 6

▶ 左ページにある英文訳を見ながらバックトランスレーションをして、
英文の内容をしっかりマスターできたか確認しよう！

Many _____ _____ and high _____ _____ in

Japanese schools _____ _____ _____ club _____.

_____ the _____ _____, _____ many students

_____ _____ _____ their _____ _____ _____

their _____ _____. Many _____ _____ study English

or _____ and _____ _____ to _____ _____ the

_____ of _____ a _____ job. However, _____ _____

are _____ to _____ _____ their _____, which they

_____ _____ above all. _____ _____ really _____

that _____ activity, they _____ _____ _____ _____

they _____ _____ it in their _____. If _____ _____

_____ that, they _____ have _____ _____ _____

and fulfilling _____.

学習予定日　/　　学習日　/

Question 🔊

▶英文を聞いて、次の問いに対する答えとして適切なものを1つ選び、番号で答えなさい。

Q　Why are there more cat owners in Japan than dog owners?

① Because cats are easier to take care of inside your house than dogs.

② Because cat owners usually have only one cat in their house.

③ Because it is thought that cats help to calm children's emotions.

④ Because it is a lot easier to take care of cats than dogs.

（　　　　）

本当に毎日やっている人はそろそろ耳が英語に慣れるはず！

Mission 1

▶ディクテーションをして、弱点を発見しよう！

Do you _____ _____ owning a _____

or owning a _____ is more _____ in Japan?

The _____ _____ that _____ are

_____ _____ more cat _____ than dog

owners. _____ is _____ _____ cats

_____ _____ easier _____ _____

care _____ _____ dogs. However, _____

cat owners _____ to _____ only one

_____, _____ _____ owners have two

_____ _____. The _____ _____

pet owners _____ _____ smaller and

_____, _____ of the housing _____.

But _____ are _____, and they _____

help _____ _____ children's emotions.

▶音声が聞き取れたかを確認し、聞き取れなかった箇所があれば、
その部分に下線を引こう！

Do you know whether owning a dog or owning a cat is more popular in Japan? The answer is that there are a lot more cat owners than dog owners. This is probably because cats are much easier to take care of than dogs. However, while cat owners tend to have only one cat, most dog owners have two or more. The number of pet owners is getting smaller and smaller, because of the housing situation. But pets are comforting, and they often help to calm children's emotions.

◎ **Mission 3**

▶英文に出てきた単語や表現を確認しよう！

☐	popular	形 人気の
☐	owner	名 持ち主、所有者、飼い主
☐	probably	副 たぶん、おそらく
☐	take care of ～	～の世話をする、大事にする
☐	tend to ～	～する傾向がある
☐	comforting	形 ほっとさせる、なぐさめてくれる
☐	calm	動 静める、気分を落ち着ける
☐	emotion	名 感情、情緒

 **Mission 4**

▶聞き取った英文の意味が理解できているかをチェックしよう!

　①Do you know whether owning a dog or owning a cat is more popular in Japan? The answer is that there are a lot more cat owners than dog owners. This is probably because cats are much easier to take care of than dogs. ②However, while cat owners tend to have only one cat, most dog owners have two or more. The number of pet owners is getting smaller and smaller, because of the housing situation. ③But pets are comforting, and they often help to calm children's emotions.

Q1 下線部①を和訳しなさい。

_____

_____

Q2 下線部②を和訳しなさい。

_____

_____

Q3 下線部③を和訳しなさい。

_____

_____

> 日本語を英語に直す際には文構造を理解した上で行おう!

　①日本では、犬を飼うことと猫を飼うことではどちらがより人気があるか知っているだろうか。　その答えは、猫の飼い主のほうが犬の飼い主よりかなり多いのである。これはおそらく、猫は犬に比べて、世話をするのがかなり簡単だからであろう。　②しかし、猫の飼い主は猫を１匹だけ飼う傾向にある一方、犬の飼い主の多くは２匹以上を飼っている。　住宅事情のため、ペットの飼い主の数はどんどん減ってきている。　③だが、ペットは人の心を癒してくれ、子どもの気持ちを落ち着かせるのにしばしば役立っている。

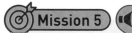 Mission 5

▶Mission２にある英文を見ながら、
　音読トレーニング（オーバーラッピング＆シャドーイング）をしよう！

| オーバーラッピング | ☐ | ☐ | ☐ | ☐ | ☐ | ☐ | ☐ | ☐ | ☐ | ☐ |
| シャドーイング | ☐ | ☐ | ☐ | ☐ | ☐ | ☐ | ☐ | ☐ | ☐ | ☐ |

🎯 Mission 6

▶左ページにある英文訳を見ながらバックトランスレーションをして、
英文の内容をしっかりマスターできたか確認しよう！

Do you _____ _____ _____ a _____ or

owning a _____ is _____ _____ in Japan? The

_____ _____ that _____ are _____

_____ more cat _____ than dog _____.

_____ is _____ cats _____ _____

_____ _____ _____ care _____ _____

dogs. However, _____ cat owners _____ to

_____ only one _____, _____ _____ owners

have two _____ _____. The _____ _____

pet owners _____ _____ _____ and _____,

_____ of the housing _____. But _____ are

_____, and they _____ help _____ _____

children's emotions.

Review 1　DAY 1〜7で学習した単語を復習しよう。

次の表の空所に日本語の意味や英単語を書き入れよう。忘れているものは即座に覚えよう。

英語	日本語	答え
	支配する	▶DAY 4
in terms of 〜		▶DAY 4
in order to 〜		▶DAY 2
	非常に、極めて	▶DAY 1
	他方では、その一方	▶DAY 6
besides 〜		▶DAY 5
learn to 〜		▶DAY 1
	背景、経歴	▶DAY 3
	〜する傾向がある	▶DAY 7
provide		▶DAY 4
million		▶DAY 3
	昆虫	▶DAY 4
	集中する	▶DAY 6
pretty		▶DAY 6
	大半、大多数	▶DAY 4
	努力	▶DAY 1
calm		▶DAY 7
	収入、所得	▶DAY 3
species		▶DAY 4
	利益、恩恵	▶DAY 4
above all		▶DAY 6
	感情、情緒	▶DAY 7
	続ける、継続する	▶DAY 1
cause		▶DAY 5
in particular		▶DAY 5

コラム 1〜僕もリスニングが苦手だった〜

　日本人の多くが英語リスニングを苦手にしています。かく言う僕もリスニングの勉強を始めたのは34歳のときでした。当時はすでに教員になって10年が経っていましたが、リスニングは極めて苦手で、まったくと言っていいほど聞き取れませんでした。謙遜ではありません。英語が聞けるんだよというふりをしながら生きていこうと思えばできたんでしょうね。実際、生徒たちの前で外国人から話しかけられたとき、わかったふりをして笑顔で対応したこともあります。しかし、もうこれ以上嘘をついて生きていくのは嫌だなと思ったんです。そこからのスタートでした。

　書店さんで2週間完成と書かれた本を買ってきて、その本の指示通りにやっていきました。なんだ、2週間もあれば聞き取れるようになるのかと思いながら。でも全然聞き取れている実感のないまま、2週間が過ぎ、やはり基本的な問題でさえも聞き取れるようにはなりませんでした。その本をボロボロに破いて壁に叩きつけました。その後、やはりプロに聞いたほうがいいなと思った英語教員の僕は、大阪にある通訳養成学校に体験入学をすることになります。当時は借金が6000万円ほどあったので入学はできなかったのですが、体験入学でリスニングの勉強法がわかればよかったのです。当時は生まれて初めてじゃないかと思うぐらい、「リスニングができるようになりたい欲」が強かったので、挫折することもなく、その学校で教わったとおりのトレーニングを毎日重ねていきました。徐々に聞き取れるようになってきて、実際にロンドンに行ったとき、手に取るように相手の言っていることが聞き取れた僕は嬉しさのあまり号泣することになります。

　この本で皆さんにやってもらっているトレーニングは、僕が当時行ったまさにそのトレーニングなのです。最初は苦しいんですよ、なかなか聞き取れないから。でも信じて続けてください。鍵を握るのは「真似て音読する」です。その回数を増やすことです。回数が多ければ多いほど、必ず手に取るように聞き取れるようになります。最後まで続けてください。

Question 🔊

▶英文を聞いて、次の問いに対する答えとして適切なものを1つ選び、番号で答えなさい。

Q **What is important for parents to do when they give a smartphone to their children?**

① To talk about how and when the children should use the smartphone.

② To talk about when parents should give the smartphone to the children.

③ To decide what the children should do when their test scores go bad.

④ To decide where the children can use the smartphone.

(　　　　)

これで半分が終わった！
あと半分、しっかり
続けよう！

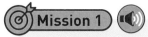

Mission 1

▶ディクテーションをして、弱点を発見しよう！

_____ disorder _____ a _____ in which

_____ _____ so addicted _____ _____ that

they _____ _____ over _____ _____ they

_____ playing _____, and it _____ with their

_____ _____. The number of people who _____

the _____ in Japan is _____ clearly known, _____

the Ministry _____ Health, Labour _____ Welfare

estimates _____ 4.21 _____ _____ and 930

thousand _____ _____ and high school _____

_____ too dependent _____ _____ _____.

Patients' _____ react abnormally to _____ _____

of a game, causing _____ _____, _____ to those

of alcohol and _____ dependence. _____ should be

_____ _____ the _____ of _____ children

_____ _____ to such a disease _____ they

_____ _____ a smartphone, and _____

_____ _____ to _____ _____ and when

_____ _____ _____ one.

🎯 Mission 2

▶ 音声が聞き取れたかを確認し、聞き取れなかった箇所があれば、
その部分に下線を引こう！

　Gaming disorder is a condition in which people become so addicted to games that they lose control over the time they spend playing them, and it interferes with their daily lives. The number of people who have the disorder in Japan is not clearly known, but the Ministry of Health, Labour and Welfare estimates that 4.21 million adults and 930 thousand junior high and high school students are too dependent on the Internet. Patients' brains react abnormally to the sight of a game, causing strong desires, similar to those of alcohol and drug dependence. Parents should be ready for the possibility of their children falling victim to such a disease when they give them a smartphone, and it is important to discuss how and when they should use one.

🎯 Mission 3

▶ 英文に出てきた単語や表現を確認しよう！

☐	disorder	名	障害、不調
☐	addict	動	[be addicted]中毒で、夢中で
☐	interfere	動	妨げる、干渉する
☐	estimate	動	見積もる、推定する
☐	dependent	形	頼っている、依存している
☐	react	動	反応する
☐	similar to ～		～のように、似たように
☐	victim	名	被害者

 **Mission 4**

▶聞き取った英文の意味が理解できているかをチェックしよう！

①Gaming disorder is a condition in which people become so addicted to games that they lose control over the time they spend playing them, and it interferes with their daily lives. The number of people who have the disorder in Japan is not clearly known, but the Ministry of Health, Labour and Welfare estimates that 4.21 million adults and 930 thousand junior high and high school students are too dependent on the Internet. ②Patients' brains react abnormally to the sight of a game, causing strong desires, similar to those of alcohol and drug dependence. ③Parents should be ready for the possibility of their children falling victim to such a disease when they give them a smartphone, and it is important to discuss how and when they should use one.

Q1 下線部①を和訳しなさい。

_____

_____

Q2 下線部②を和訳しなさい。

_____

_____

Q3 下線部③を和訳しなさい。

_____

_____

_____

英文訳

①ゲーム障害は、ゲームに熱中しすぎて遊ぶ時間をコントロールできなくなり、日常生活に支障が出る病気である。 日本におけるゲーム障害の患者数ははっきりとはわかっているわけではないが、厚生労働省によると、ネット依存が疑われる人は成人で421万人、中学生と高校生で93万人と推定されている。 ②ゲーム障害の患者の脳では、ゲームを見ると異常な反応が現れ、アルコール依存や薬物依存と同じような強い欲求に襲われる。 ③親が子どもにスマートフォンを与えるときには、子どもがそういう病気に陥る可能性を覚悟しておかねばならないし、使う方法や時間について話し合うことが大切である。

Mission 5

▶Mission 2にある英文を見ながら、
音読トレーニング（オーバーラッピング＆シャドーイング）をしよう！

オーバーラッピング	□	□	□	□	□	□	□	□	□	□
シャドーイング	□	□	□	□	□	□	□	□	□	□

🎯 Mission 6

▶左ページにある英文訳を見ながらバックトランスレーションをして、
英文の内容をしっかりマスターできたか確認しよう！

_____ disorder _____ a _____ in which _____ _____

so _____ _____ _____ that they _____ _____ over

_____ _____ they _____ playing _____, and it _____

with their _____ _____. The number of people who _____ the

_____ in Japan is _____ _____ _____, _____ the

Ministry _____ Health, Labour _____ Welfare _____ _____

4.21 _____ _____ and 930 thousand _____ _____ and high

school _____ _____ too _____ _____ _____ _____.

Patients' _____ _____ abnormally to _____ _____ of a

game, causing _____ _____, _____ to _____ of alcohol and

_____ dependence. _____ should be _____ _____ the

_____ of _____ children _____ _____ to such a disease

_____ they _____ _____ a smartphone, and _____

_____ _____ to _____ _____ and when _____ _____

_____ one.

リスニングの勉強法や
モチベーションの上げ方を
知りたい人はこちら▶▶▶
https://tb.sanseido-publ.co.jp/gakusan/mainichi-l/

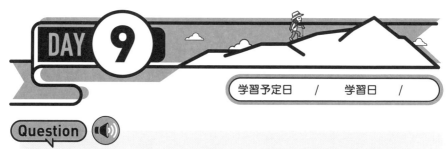

学習予定日　　/　　学習日　　/

Question

▶英文を聞いて、次の問いに対する答えとして適切なものを1つ選び、
番号で答えなさい。

Q What does the speaker mean?

① When you travel to the same place every year, you can learn a lot of different things there.

② If you're going on a family trip, it's better to go to a different place every year.

③ On family trips, children want to travel to as many places as possible.

④ Parents should take their children to various places in the country as well as abroad.

（　　　）

これだけやって
伸びないわけがない！
信じて続けよう！

Mission 1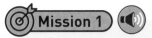

▶ディクテーションをして、弱点を発見しよう！

A _____ _____ families _____ _____ a resort _____ the _____ and _____ _____, and _____ of _____ go to the _____ one _____ _____. However, _____ _____ _____ to give _____ _____ _____ variety _____ experiences, _____ _____ the same resort year _____ _____ out is _____ _____ good _____. _____ of doing the _____ thing _____ _____, you _____, for _____, _____ _____ Okinawa _____ _____, to Fukushima the _____ _____, and to Shiretoko the next. _____ _____ your children _____ _____ and _____ a lot about _____ _____ in Japan. Sure, _____ your _____ at a resort _____ _____, but if you're going _____ _____ with _____ _____, you may _____ _____ your children _____ _____ of _____.

Mission 2

▶音声が聞き取れたかを確認し、聞き取れなかった箇所があれば、その部分に下線を引こう！

A lot of families go to a resort during the summer and winter holidays, and many of them go to the same one every year. However, if you want to give your children a variety of experiences, going to the same resort year in year out is not a good idea. Instead of doing the same thing each time, you could, for example, go to Okinawa one year, to Fukushima the next year, and to Shiretoko the next. That way your children will see and learn a lot about different places in Japan. Sure, spending your vacation at a resort is fun, but if you're going to travel with your family, you may consider giving your children a variety of experiences.

Mission 3

▶英文に出てきた単語や表現を確認しよう！

☐	a variety of ～	さまざまな～
☐	experience	名 経験、体験
☐	year in (and) year out	毎年決まって
☐	instead of ～	～の代わりに
☐	vacation	名 休暇
☐	travel	動 旅行する
☐	consider	動 考える、検討する

Mission 4

▶聞き取った英文の意味が理解できているかをチェックしよう！

A lot of families go to a resort during the summer and winter holidays, and many of them go to the same one every year. ① However, if you want to give your children a variety of experiences, going to the same resort year in year out is not a good idea. Instead of doing the same thing each time, you could, for example, go to Okinawa one year, to Fukushima the next year, and to Shiretoko the next. ② That way your children will see and learn a lot about different places in Japan. ③ Sure, spending your vacation at a resort is fun, but if you're going to travel with your family, you may consider giving your children a variety of experiences.

Q1 下線部①を和訳しなさい。

_____

_____

Q2 下線部②を和訳しなさい。

_____

_____

Q3 下線部③を和訳しなさい。

_____

_____

夏休みや冬休み中にはたくさんの家族がリゾート地に行くが、多くの家族が毎年同じところに行く。 ①しかし、子どもにさまざまな経験をさせたいのであれば、毎年決まって同じリゾート地に出かけるというのはよい考えではない。 毎回同じことをする代わりに、たとえば、ある年は沖縄に行き、次の年は福島に行き、その次の年は知床に行くこともできる。 ②そうすることで、子どもは日本のさまざまな場所を見て、多くのことを学ぶことができるだろう。 ③確かに、リゾート地で休暇を過ごすのは楽しいが、家族で旅行するのであれば、子どもにさまざまな経験を与えることを考えてもよいだろう。

 Mission 5

▶Mission 2 にある英文を見ながら、
音読トレーニング（オーバーラッピング＆シャドーイング）をしよう！

オーバーラッピング										
シャドーイング										

🎯 Mission 6

▶ 左ページにある英文訳を見ながらバックトランスレーションをして、
英文の内容をしっかりマスターできたか確認しよう！

A _____ _____ families _____ _____ a resort _____ the _____ and _____ _____, and _____ of _____ go to the _____ one _____ _____. However, _____ _____ _____ to give _____ _____ _____ _____ _____ experiences, _____ _____ the _____ resort year _____ _____ out is _____ _____ good _____. _____ of doing the _____ thing _____ _____, you _____, for _____, _____ _____ Okinawa _____ _____, to Fukushima the _____ _____, and to Shiretoko _____ _____. _____ _____ your children _____ _____ and _____ a _____ about _____ _____ in Japan. Sure, _____ your _____ at a resort _____ _____, but _____ you're _____ _____ _____ with _____ _____, you may _____ _____ your children _____ _____ of _____.

リスニングの勉強法や
モチベーションの上げ方を
知りたい人はこちら▶▶▶
https://tb.sanseido-publ.co.jp/gakusan/mainichi-l/

DAY 10

学習予定日　　/　　学習日　　/

Question

▶英文を聞いて、次の問いに対する答えとして適切なものを1つ選び、番号で答えなさい。

Q If you want children to read many books, what should you do?

① You should take children to libraries and bookstores.

② You should give as many books as possible to your children.

③ You should have a lot of books at home.

④ You should have a bookshelf at home.

（　　　　）

続けないと
リスニング力は
落ちる！
落とさないために
今日も声を出そう！

 **Mission 1** 🔊

▶ディクテーションをして、弱点を発見しよう！

How _____ bookshelves _____ _____

_____ in _____ _____? _____ homes are

_____ _____ that _____ _____ them

probably _____ _____ _____, or _____

_____ two, bookshelves. If _____ _____ to

_____ a child _____ _____ a _____ of

_____, it is _____ to have _____ _____ at

home, so that _____ _____ always _____ the

_____ to _____. A _____ _____ doesn't

_____ a _____ of _____ will _____

_____ movies, and _____ _____ who

_____ never _____ a _____ game _____

_____ _____ baseball. _____ parents

_____ that _____ _____ don't _____

_____ books, _____ _____ _____ want

_____ _____ to _____ books, they _____

_____ have many _____ in the _____.

Mission 2

▶ 音声が聞き取れたかを確認し、聞き取れなかった箇所があれば、
その部分に下線を引こう！

How many bookshelves do you have in your home? Japanese homes are so small that many of them probably have only one, or at most two, bookshelves. If you want to raise a child who reads a lot of books, it is important to have many books at home, so that the child always has the opportunity to read. A person who doesn't watch a lot of movies will never like movies, and a person who has never watched a baseball game will never like baseball. Many parents complain that their children don't read many books, but if they want their children to love books, they need to have many books in the home.

Mission 3

▶ 英文に出てきた単語や表現を確認しよう！

☐	**bookshelves**	名 bookshelf（本棚）の複数形
☐	**at most**	多くても
☐	**raise**	動 育てる
☐	**opportunity**	名 機会
☐	**complain**	動 不平を言う

 **Mission 4**

▶聞き取った英文の意味が理解できているかをチェックしよう!

How many bookshelves do you have in your home? Japanese homes are so small that many of them probably have only one, or at most two, bookshelves. ① If you want to raise a child who reads a lot of books, it is important to have many books at home, so that the child always has the opportunity to read. ② A person who doesn't watch a lot of movies will never like movies, and a person who has never watched a baseball game will never like baseball. ③ Many parents complain that their children don't read many books, but if they want their children to love books, they need to have many books in the home.

Q1 下線部①を和訳しなさい。

_____

_____

Q2 下線部②を和訳しなさい。

_____

_____

Q3 下線部③を和訳しなさい。

_____

_____

英文訳

　あなたの家に本棚はいくつあるだろうか。日本の家はとても小さいので、おそらく多くの家庭では1つ、多くても2つしか本棚がないだろう。　①もし本をたくさん読む子どもを育てたければ、家に多くの本を持っておき、子どもが常に本を読む機会があるようにすることが大切である。　②映画をあまり見ない人が映画を好きになることはないし、野球の試合を見たことのない人が野球好きになることはない。　③子どもが本をあまり読まないと不平を言う親が多いが、もし子どもに本を好きになってほしいのであれば、多くの本を家に持っておく必要がある。

 Mission 5

▶Mission 2にある英文を見ながら、
　音読トレーニング（オーバーラッピング＆シャドーイング）をしよう！

| オーバーラッピング | □ | □ | □ | □ | □ | □ | □ | □ | □ | □ |
| シャドーイング | □ | □ | □ | □ | □ | □ | □ | □ | □ | □ |

🎯 Mission 6

▶左ページにある英文訳を見ながらバックトランスレーションをして、
英文の内容をしっかりマスターできたか確認しよう！

How _____ _____ _____ _____ _____ in _____

_____? _____ homes are _____ _____ that _____

_____ them _____ _____ _____ _____, or _____

_____ two, bookshelves. If _____ _____ to _____ a child

_____ _____ a _____ of _____, it is _____ to have

_____ _____ at home, so that _____ _____ always

_____ the _____ to _____. A _____ _____ doesn't

_____ a _____ of _____ will _____ _____ _____,

and _____ _____ who _____ never _____ a _____

game _____ _____ _____ _____. _____ parents

_____ that _____ _____ don't _____ _____ books,

_____ _____ _____ _____ _____ _____ to

_____ books, they _____ _____ have many _____

_____ the _____.

リスニングの勉強法や
モチベーションの上げ方を
知りたい人はこちら▶▶▶
https://tb.sanseido-publ.co.jp/gakusan/mainichi-l/

Question 🔊

▶英文を聞いて、次の問いに対する答えとして適切なものを1つ選び、番号で答えなさい。

Q **What is the Japanese government starting to do to solve the problem of population decline?**

① To try to increase the number of children.

② To increase the number of companies of other countries.

③ To accept immigrants from abroad.

④ To improve the quality of the civil service.

(　　　　)

音読は休憩をはさみながらで構わない！回数をこなそう！

Mission 1 🔊

▶ディクテーションをして、弱点を発見しよう！

While the world's _____ is _____, Japan's _____

_____ is population _____. What does a _____

population _____? Students _____ _____ a much

_____ time finding _____ at large _____. However,

_____ _____ and medium-sized companies _____

_____ _____ of business _____ _____ a shortage

of _____, and the _____ _____ supported _____

_____ companies will _____ be _____ _____.

There will also _____ _____ young _____ _____ to

_____ in dangerous _____ _____ _____ the Self-

Defense Forces and the _____. The _____ of the civil

_____ will certainly _____ as the number of _____

servants will _____ _____. Private _____ _____

and universities will _____ bankrupt and there will also

_____ a _____ in the _____ of education. To _____

these _____, the _____ government _____ _____

to _____ immigrants.

Mission 2

▶音声が聞き取れたかを確認し、聞き取れなかった箇所があれば、
その部分に下線を引こう！

While the world's population is growing, Japan's biggest problem is population loss. What does a decreasing population mean? Students will have a much easier time finding jobs at large companies. However, many small and medium-sized companies will go out of business due to a shortage of employees, and the large companies supported by those companies will also be in trouble. There will also be fewer young people willing to work in dangerous jobs such as the Self-Defense Forces and the police. The quality of the civil service will certainly decline as the number of civil servants will be reduced. Private high schools and universities will go bankrupt and there will also be a decline in the quality of education. To solve these problems, the Japanese government is starting to accept immigrants.

Mission 3

▶英文に出てきた単語や表現を確認しよう！

☐	**go out of business**	倒産する
☐	**due to 〜**	〜が原因で
☐	**shortage**	名 不足
☐	**willing to 〜**	〜する意志がある
☐	**Self-Defense Forces**	自衛隊
☐	**quality**	名 質
☐	civil service	行政サービス
☐	civil servant	公務員
☐	**go bankrupt**	破産する
☐	**immigrant**	名 移民

**Mission 4**

▶聞き取った英文の意味が理解できているかをチェックしよう！

①While the world's population is growing, Japan's biggest problem is population loss. What does a decreasing population mean? Students will have a much easier time finding jobs at large companies. However, many small and medium-sized companies will go out of business due to a shortage of employees, and the large companies supported by those companies will also be in trouble. There will also be fewer young people willing to work in dangerous jobs such as the Self-Defense Forces and the police. ②The quality of the civil service will certainly decline as the number of civil servants will be reduced. Private high schools and universities will go bankrupt and there will also be a decline in the quality of education. ③To solve these problems, the Japanese government is starting to accept immigrants.

Q1 下線部①を和訳しなさい。

_____

_____

Q2 下線部②を和訳しなさい。

_____

_____

Q3 下線部③を和訳しなさい。

_____

_____

①世界の人口は増えつつある一方で、日本では人口減少が最大の問題となっている。 人口が減少するとどのようなことになるのだろうか。学生は大企業への就職がかなり楽になる。しかし、多くの中小企業は人材難が原因で倒産し、そういった企業に支えられている大企業も経営難に陥ることになるだろう。また、自衛隊や警察などの危険な仕事に就きたいと思う若者が減少することになる。 ②公務員数が減るので、行政サービスの質は確実に低下する。 私立高校や大学が破産し、教育の質の低下も見られると思われる。③これらの問題を解決するために、日本政府は移民を受け入れ始めている。

 Mission 5

▶Mission 2にある英文を見ながら、
　音読トレーニング（オーバーラッピング＆シャドーイング）をしよう！

オーバーラッピング	□ □ □ □ □ □ □ □ □ □
シャドーイング	□ □ □ □ □ □ □ □ □ □

🎯 Mission 6

▶ 左ページにある英文訳を見ながらバックトランスレーションをして、
英文の内容をしっかりマスターできたか確認しよう！

While the world's _____ is _____, Japan's _____ _____

is _____ _____. What does a _____ _____ _____?

Students _____ _____ a much _____ time finding _____ at

_____ _____. However, _____ _____ and medium-sized

companies _____ _____ _____ of business _____

_____ a _____ of _____, and the _____ _____

supported _____ _____ companies will _____ be _____

_____. There will also _____ _____ young _____ _____

to _____ in _____ _____ _____ _____ the Self-Defense

Forces and the _____. The _____ of the civil _____ will

certainly _____ as the number of _____ _____ will _____

_____. Private _____ _____ and _____ will _____

_____ and there will also _____ a _____ in the _____ of

_____. To _____ these _____, the _____ government

_____ _____ to _____ _____.

リスニングの勉強法や
モチベーションの上げ方を
知りたい人はこちら▶ ▶ ▶
https://tb.sanseido-publ.co.jp/gakusan/mainichi-l/

Question 🔊

▶英文を聞いて、次の問いに対する答えとして適切なものを1つ選び、
番号で答えなさい。

Q **What do you need to do if you really want to realize your dream?**

　① To have a strong will and try hard.

　② To listen to a lot of people around you.

　③ To look at reality and your potential.

　④ To focus on one thing you want to do.

（　　　　）

英語を聞ける自分を
イメージし、妄想に浸
りながら音読しよう！

Mission 1

▶ディクテーションをして、弱点を発見しよう！

Some _____ _____ that _____ isn't

_____ _____ to do _____ _____ _____

to _____ for a _____. But if _____ _____

right, _____ _____ _____ no football

_____, _____ _____ cartoonists _____

_____ _____. There are _____ _____ who

have _____ _____ on their _____ and

_____ do what they _____ want to _____, but it

is _____ to _____ _____ on your _____

based on the _____ and advice from _____

_____. There are _____ _____ who _____

such comments from _____ with a _____

_____ and spend _____ _____ _____

doing what they have _____ _____ do since they

were _____. If you have a _____ that is _____

_____ to you, you _____ _____ hard to

_____ it.

Mission 2

▶音声が聞き取れたかを確認し、聞き取れなかった箇所があれば、その部分に下線を引こう！

　Some people say that life isn't easy enough to do what you love to do for a living. But if they were right, there would be no football players, singers or cartoonists in the world. There are many people who have given up on their dreams and cannot do what they really want to do, but it is nonsense to give up on your dreams based on the opinions and advice from the losers. There are many people who reject such comments from others with a strong will and spend a happy life doing what they have wanted to do since they were children. If you have a dream that is truly important to you, you should try hard to realize it.

Mission 3

▶英文に出てきた単語や表現を確認しよう！

☐	for a living	生計の手段として
☐	give up on 〜	〜を断念する
☐	based on 〜	〜をふまえて、に基づいて
☐	opinion	名 意見
☐	loser	名 成功しない人、負け組
☐	reject	動 拒絶する
☐	will	名 意志
☐	realize	動 実現する、理解する

 **Mission 4**

▶聞き取った英文の意味が理解できているかをチェックしよう！

Some people say that life isn't easy enough to do what you love to do for a living. But if they were right, there would be no football players, singers or cartoonists in the world. ① There are many people who have given up on their dreams and cannot do what they really want to do, but it is nonsense to give up on your dreams based on the opinions and advice from the losers. ② There are many people who reject such comments from others with a strong will and spend a happy life doing what they have wanted to do since they were children. ③ If you have a dream that is truly important to you, you should try hard to realize it.

Q1 下線部①を和訳しなさい。

_____

_____

_____

Q2 下線部②を和訳しなさい。

_____

_____

_____

Q3 下線部③を和訳しなさい。

_____

_____

　好きなことを仕事にできるほど人生は楽ではないという人たちがいる。しかし、もしその人たちが正しいのであれば、この世の中にはサッカー選手も歌手も漫画家もいないはずである。　①自分の夢をあきらめ、本当にしたいことができていない人は多いけれども、夢破れた人の意見や忠告を聞いて、自分の夢をあきらめるのはばかげている。　②そのようなことを他人から言われても強い意思をもってはねつけ、子ども時代からしたいと願っていたことをしながら幸せに生きている人たちが大勢いるのだ。　③本当に自分にとって大切な夢があるのであれば、それをかなえられるように努力をすべきである。

▶Mission 2にある英文を見ながら、
　音読トレーニング（オーバーラッピング＆シャドーイング）をしよう！

オーバーラッピング										
シャドーイング										

🎯 Mission 6

▶ 左ページにある英文訳を見ながらバックトランスレーションをして、
英文の内容をしっかりマスターできたか確認しよう！

Some _____ _____ that _____ isn't _____ _____ to

do _____ _____ _____ to _____ for a _____. But if

_____ _____ _____, _____ _____ _____ no

football _____, _____ _____ cartoonists _____ _____

_____. There are _____ _____ who have _____ _____

on their _____ and _____ do _____ _____ _____

want to _____, but it is _____ to _____ _____ on your

_____ _____ on the _____ and _____ from _____

_____. There are _____ _____ who _____ such

_____ from _____ with a _____ _____ and spend

_____ _____ _____ doing what they have _____

_____ do _____ they were _____. If you have a _____

that is _____ _____ to you, _____ _____ _____ hard

to _____ it.

学習予定日　　/　　学習日　　/

Question

▶英文を聞いて、次の問いに対する答えとして適切なものを1つ選び、番号で答えなさい。

Q Why are movie producers sad that the number of people watching movies at home is increasing?

① Because they cannot make big money.

② Because people can enjoy the great sound of movies at home.

③ Because it is difficult to concentrate on watching movies in movie theaters.

④ Because movies are produced for viewing in theaters.

(　　　　)

音読は速読力にも
つながる！
最初はゆっくり、
徐々に速く！

Mission 1

▶ディクテーションをして、弱点を発見しよう！

Fewer _____ are _____ _____ in _____

theaters _____ _____. This _____ not be

_____ by the _____ that it's possible to _____

_____ on TV and _____ at _____. But _____

you've _____ _____ a movie _____ _____

_____ theater, you'll _____ how _____

_____ _____ is. _____, the movie _____

_____ you to concentrate _____ _____ the

_____ because _____ are not _____ _____

the _____ _____ you _____ _____

_____ at home. This allows _____ to _____

_____ watch _____ _____, but _____

_____ _____. Since all _____ are _____ to

be seen in _____ _____ in the _____ _____,

it _____ _____ very _____ for the _____ of

movies that the number of people _____ _____ in

the cinema is _____.

Mission 2

▶ 音声が聞き取れたかを確認し、聞き取れなかった箇所があれば、
その部分に下線を引こう！

Fewer people are enjoying movies in movie theaters these days. This may not be helped by the fact that it's possible to watch movies on TV and computers at home. But if you've ever seen a movie in a movie theater, you'll understand how great the sound is. Also, the movie theater allows you to concentrate on watching the movie because you are not distracted by the other things you have to do at home. This allows you to not only watch the movie, but to experience it. Since all movies are produced to be seen in movie theaters in the first place, it must be very sad for the producers of movies that the number of people watching movies in the cinema is decreasing.

Mission 3

▶ 英文に出てきた単語や表現を確認しよう！

☐	possible	形 可能な
☐	allow	動 許可する、可能にする
☐	distract	動 気をそらす
☐	experience	動 経験する、体験する
☐	produce	動 作り出す
☐	in the first place	そもそも、まず第一に

 **Mission 4**

▶聞き取った英文の意味が理解できているかをチェックしよう！

Fewer people are enjoying movies in movie theaters these days. This may not be helped by the fact that it's possible to watch movies on TV and computers at home. ① But if you've ever seen a movie in a movie theater, you'll understand how great the sound is. Also, the movie theater allows you to concentrate on watching the movie because you are not distracted by the other things you have to do at home. ② This allows you to not only watch the movie, but to experience it. ③ Since all movies are produced to be seen in movie theaters in the first place, it must be very sad for the producers of movies that the number of people watching movies in the cinema is decreasing.

Q1 下線部①を和訳しなさい。

_____

_____

Q2 下線部②を和訳しなさい。

_____

_____

Q3 下線部③を和訳しなさい。

_____

_____

_____

　最近、映画館で映画を楽しむ人が減っている。家でもテレビやパソコンで映画を見ることができるようになったので、それも仕方がないかもしれない。　①しかし、映画館で映画を見たことのある人であれば、音響がどれだけ素晴らしいかを理解していることだろう。　また、映画館では、家でしなければならない用事によって気をそがれることがないので、集中して映画を見ることができる。　②このことによって、映画を見るだけでなく、体感することができるのである。　③そもそも全ての映画は映画館で見ることを前提として作られているので、映画の作り手にとっては、映画館で映画を見る人が減っているというのは非常に悲しいことであろう。

Mission 5

▶Mission 2 にある英文を見ながら、
　音読トレーニング（オーバーラッピング＆シャドーイング）をしよう！

オーバーラッピング	□	□	□	□	□	□	□	□	□	□
シャドーイング	□	□	□	□	□	□	□	□	□	□

🎯 Mission 6

▶左ページにある英文訳を見ながらバックトランスレーションをして、
英文の内容をしっかりマスターできたか確認しよう！

Fewer _____ are _____ _____ in _____ theaters

_____ _____. This _____ not be _____ by the _____

that it's _____ to _____ _____ on _____ and _____ at

_____. But _____ you've _____ _____ a _____

_____ _____ _____ theater, you'll _____ how _____

_____ _____ is. _____, the movie _____ _____ you to

_____ _____ _____ the _____ because _____ are not

_____ _____ the _____ _____ you _____ _____

_____ at _____. This _____ _____ to _____ _____

watch _____ _____, but _____ _____ _____. Since all

_____ are _____ to be _____ in _____ _____ in the

_____ _____, it _____ _____ very _____ for the

_____ of _____ that the number of people _____ _____

in the cinema is _____.

学習予定日　/　　学習日　/

Question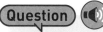

▶ 英文を聞いて、次の問いに対する答えとして適切なものを1つ選び、番号で答えなさい。

Q What does research show about sleep?

① People in developed countries sleep little.

② People with less sleep can die sooner.

③ Sleep doesn't always repair mental damages.

④ Lack of sleep has a good point.

(　　　　)

お疲れ様でした！
これからも音読トレーニングを続けよう！

 **Mission 1**

▶ディクテーションをして、弱点を発見しよう！

Do _____ _____ you've _____ _____

_____ during _____ _____ _____? Do you

_____ the _____ _____ you _____ _____

on your own _____ an _____ and _____

_____? If _____ _____ to _____ _____

_____ questions _____ "_____," you _____

_____ _____. Two-thirds _____ _____ in

_____ _____ do _____ get _____ _____

of sleep _____ _____. _____ _____ that

_____ _____ to repair _____ _____ physical

_____, so _____ you're _____ _____

_____, you'll _____ _____ mentally _____

_____ and you can _____ sooner. _____

_____ are _____ _____ studying _____

_____ to _____ _____ _____, you _____

_____ how _____ it is to be able to _____ to your

fullest _____ without _____ _____ at all

_____ your waking _____.

Mission 2

▶音声が聞き取れたかを確認し、聞き取れなかった箇所があれば、その部分に下線を引こう！

Do you think you've had enough sleep during the past week? Do you remember the last time you woke up on your own without an alarm and felt refreshed? If the answer to either of these questions is "no," you are not alone. Two-thirds of adults in developed countries do not get eight hours of sleep at night. Research shows that sleep helps to repair mental and physical damages, so if you're short of sleep, you'll get sick mentally and physically and you can die sooner. If you are too busy studying or working to get enough sleep, you should imagine how wonderful it is to be able to work to your fullest potential without feeling sleepy at all in your waking hours.

Mission 3

▶英文に出てきた単語や表現を確認しよう！

	either	代 どちらか一方
	developed	形 先進の、開発された
	research	名 研究
	repair	動 修復する
	mental	形 心の、精神的な
	physical	形 肉体の
	be short of ～	～が不足している
	potential	名 潜在能力、可能性
	waking	形 目覚めている

 **Mission 4**

▶聞き取った英文の意味が理解できているかをチェックしよう！

Do you think you've had enough sleep during the past week? ① Do you remember the last time you woke up on your own without an alarm and felt refreshed? If the answer to either of these questions is "no," you are not alone. Two-thirds of adults in developed countries do not get eight hours of sleep at night. ② Research shows that sleep helps to repair mental and physical damages, so if you're short of sleep, you'll get sick mentally and physically and you can die sooner. ③ If you are too busy studying or working to get enough sleep, you should imagine how wonderful it is to be able to work to your fullest potential without feeling sleepy at all in your waking hours.

Q1 下線部①を和訳しなさい。

_____

_____

Q2 下線部②を和訳しなさい。

_____

_____

_____

Q3 下線部③を和訳しなさい。

_____

_____

_____

英文訳

　過去1週間、十分な睡眠がとれたと思うだろうか。 ①最後に目覚ましを使わずに自分で目を覚まして、気分爽快だと思ったときを覚えているだろうか。 これらの質問のどちらかへの答えが「いいえ」であっても、それはあなただけではない。先進国の成人の3分の2が、夜8時間の睡眠をとっていない。 ②睡眠は心と体の傷を修復する助けとなるので、もし睡眠不足であるならば、精神的にも肉体的にも病気になり、早く死ぬ可能性があることが研究の結果わかっている。 ③勉強や仕事が忙しくて十分に眠れていないという人は、起きている時間にまったく眠くなく、充実して働くことができることがいかに素晴らしいかを想像するべきである。

Mission 5

▶Mission2にある英文を見ながら、
音読トレーニング（オーバーラッピング＆シャドーイング）をしよう！

オーバーラッピング	□	□	□	□	□	□	□	□	□	□
シャドーイング	□	□	□	□	□	□	□	□	□	□

Mission 6

▶ 左ページにある英文訳を見ながらバックトランスレーションをして、
英文の内容をしっかりマスターできたか確認しよう！

Do _____ _____ you've _____ _____ _____ during

_____ _____ _____? Do you _____ the _____ _____

you _____ _____ on your own _____ an _____ and

_____ _____? If _____ _____ to _____ _____

_____ _____ _____ "_____," you _____ _____

_____. Two-thirds _____ _____ in _____ _____ do

_____ get _____ _____ of _____ _____ _____.

_____ _____ that _____ _____ to _____ _____

_____ physical _____, so _____ you're _____ _____

_____, you'll _____ _____ mentally _____ _____ and

you can _____ sooner. _____ _____ are _____ _____

studying _____ _____ to _____ _____ _____, you

_____ _____ how _____ it is to _____ _____ to

_____ to your fullest _____ _____ _____ _____ at all

_____ your waking _____.

リスニングの勉強法や
モチベーションの上げ方を
知りたい人はこちら▶▶▶
https://tb.sanseido-publ.co.jp/gakusan/mainichi-l/

次の表の空所に日本語の意味や英単語を書き入れよう。忘れているものは即座に覚えよう。

英語	日本語	答え
dependent		▶DAY 8
	さまざまな～	▶DAY 9
developed		▶DAY 14
	質	▶DAY 11
produce		▶DAY 13
similar to ～		▶DAY 8
	機会	▶DAY 10
realize		▶DAY 12
	不足	▶DAY 11
	拒絶する	▶DAY 12
	意見	▶DAY 12
give up on ～		▶DAY 12
victim		▶DAY 8
	経験、体験	▶DAY 9
react		▶DAY 8
	可能な	▶DAY 13
due to ～		▶DAY 11
	～の代わりに	▶DAY 9
complain		▶DAY 10
physical		▶DAY 14
	修復する	▶DAY 14
be short of ～		▶DAY 14
	考える、検討する	▶DAY 9
raise		▶DAY 10
	許可する、可能にする	▶DAY 13

コラム 2～リスニング力を高めるためには～

　リスニング力を上げるというと、ふつうは「ひたすら聞くことが大事!」だと思いますよね。でも実際には声を出すことが大切なんです。それも英語ネイティブのリズムやイントネーションを真似て。たとえば It's time to go to bed. を音読してみてください。日本人が音読すると「イッツタイムトゥゴートゥベーッド」のようになっちゃうんです。間違いというわけではないのですが、その音読を我流で続けていてもネイティブの「ッツターイムラゴーラベーッァッD」を聞き取れるようにはならないんです。だから我流での音読は危険です。日本人っぽい発音で音読をしていても、テレビから流れてくるアメリカ人やイギリス人の英語を聞き取れるようにはなかなかなりません。日本語と英語ではリズムが違うのですから、英語のリズムを体得することが必要になるんです。そのためには「真似る」という要素が必要になるんです。

　次に必要なのは語彙力です。模試などで英語長文を読むときを想像してください。知らない単語や熟語があるとウッとなりませんか。これの意味はなんだろうと目をきょろきょろさせた経験は誰でもあるはずです。ところがリスニングの場合、知らない単語や熟語が登場しても前後から推測することは難しいはずです。そんなことをしている間にもどんどん放送は流れていってしまいます。そもそもあまりにも知らない単語や熟語が多いと何についての英文なのかさえわからなくなります。単語や熟語を覚える学習も、実はリスニング力を上げるための大切な要素なのです。日々、語彙力を高める努力をしましょう。

　この2点に気をつけて毎日続けていってください。あなたは絶対に高いリスニング力を手に入れることになります。

DAY 1 Q. 英語を学ぶ際に大切なことは何ですか。

①将来どんな職業に就くかについての明確な考えをもつこと。
②英語で何をするべきかを決めること。
③どの国へ旅行するべきかを決めること。
④英語で誰と話すことになるかを考えること。

DAY 2 Q. 最近の研究が示したことは何ですか。

①握力が強い人は長生きする傾向がある。
②長い間ものをつかんでいると握力が強化される。
③体の筋肉が増すにつれて握力が強くなる。
④長生きするためには食べ物に気をつけるべきである。

DAY 3 Q. 話者が言いたいことは何ですか。

①学歴社会は終わったと言う人もいるが、そんなことはない。
②社会は教育を重視しなくなったが、企業はまだ教育を重んじている。
③非常に多くの生徒が大学へ進学するのを見るとうれしいものである。
④よい大学へ行ったからといってよい会社で働ける訳ではない。

DAY 4 Q. 専門家は何が危険であると言っていますか。

①人間にとって有害な昆虫が現れつつある。
②昆虫は作物に悪影響を与えることがある。
③世界中の昆虫の数が激増しつつある。
④全昆虫の約3分の1が絶滅しつつある。

DAY 5 Q. ゾウの天敵は何ですか。

①ライオンと人間。
②ほかのゾウと人間。
③肉食動物。
④ほかのゾウと肉食動物。

DAY 6 Q. 話者が言いたいことは何ですか。

①生徒が部活動を好むのはいいが、もっと一生懸命に勉強するべきだ。
②生徒は部活動が好きなので、それに関連した職業を選びがちである。
③生徒は部活動が好きなのであれば、それを将来に結びつけるべきだ。
④楽しい人生を送るためには、生徒は部活動で体を鍛えるべきだ。

DAY 7 Q. 日本にはなぜ、イヌよりもネコを飼う人のほうが多いのですか。

①イヌよりもネコのほうが家の中で世話をしやすいから。
②ネコを飼う人は、ふつう家に一匹だけしか飼わないから。
③ネコは子どもの気持ちを落ち着かせるのに役立つと考えられているから。
④イヌよりもネコのほうがはるかに世話をしやすいから。

DAY 8 Q. 親が子どもにスマートフォンを与える際にするべき重要なことは何ですか。

①子どもがいつどのようにスマートフォンを使うべきかについて話すこと。
②親がいつ子どもにスマートフォンを与えるべきかについて話すこと。
③子どものテストの点数が下がったらどうするべきか決めること。
④子どもがどこでスマートフォンを使えるのか決めること。

DAY 9 Q. 話者が言いたいことは何ですか。

①毎年同じ場所に旅行すると、そこで様々なことをたくさん学べる。
②家族旅行に行くなら、毎年違う場所に行くほうがよい。
③家族旅行では、子どもたちはできる限り多くの場所に旅行したがる。
④親は子どもたちを、海外だけでなく国内の様々な場所に連れて行くべきだ。

DAY 10 Q. 子どもたちに本をたくさん読んでもらいたければ、何をするべきですか。

①子どもたちを図書館や書店に連れて行くべきだ。
②子どもたちにできるだけたくさんの本を与えるべきだ。
③家に本がたくさんあるようにするべきだ。
④家に本棚をひとつ備えるべきだ。

DAY 11 Q. 人口減少の問題を解決するために、日本政府は何をし始めていますか。

①子どもの数を増やそうとすること。
②他国の企業数を増やすこと。
③海外からの移民を受け入れること。
④行政の質を改善すること。

DAY 12 Q. 自分の夢を本気で実現したいなら、何をする必要がありますか。

①強い意志をもって一生懸命に努めること。
②周りにいるたくさんの人々に耳を傾けること。
③現実と自分の可能性に目を向けること。
④自分がやりたいひとつのことに集中すること。

DAY 13 Q. 家で映画を見る人の数が増えて、なぜ映画の製作者は悲しんでいるのですか。

①大もうけができないから。
②家でも映画の素晴らしい音響を楽しむことができるから。
③映画館では映画観賞に集中することが難しいから。
④映画は映画館で見るために作られているから。

DAY 14 Q. 睡眠について研究が示しているのは何ですか。

①先進国の人々はあまり眠っていない。
②睡眠が少ない人はより早死にする可能性がある。
③睡眠が必ずしも精神的なダメージを修復するわけではない。
④睡眠不足にはよい点がある。

●著者紹介

木村達哉

1964年1月29日生まれ。奈良県出身。関西学院大学文学部英文学科卒業。西大和学園教諭として10年間教鞭をとったあと、灘中学校・高等学校に赴任。教員以外にも、執筆業やチームキムタツを運営するなど多方面で活躍。趣味は料理とダイエット。また、野球が好きで、灘校に赴任して以来、野球部の顧問を務めている。主な著書は『キムタツ・シバハラの 英作文、対談ならわかりやすいかなと思いまして。』（三省堂）、『ユメタン』シリーズ（アルク）など多数。

デ ザ イ ン　米倉八潮 (Vsigns Graphic 合同会社)
イ ラ ス ト　オオノマサフミ
撮　　　影　株式会社メディアパートメント（杉野正和）
録　　　音　株式会社巧芸創作
英 文 校 閲　Freya Martin　James Buck
編 集 協 力　福本健太郎
Ｄ　Ｔ　Ｐ　亜細亜印刷株式会社
協　　　力　チームキムタツ

毎日続ける！　英語リスニング1　英検3級〜準2級レベル

2021年2月12日　第1刷発行

著　者　　　　木村達哉

発行者　　　　株式会社三省堂
　　　　　　　代表者 瀧本多加志

印刷者　　三省堂印刷株式会社

発行所　　　　株式会社三省堂

〒101-8371 東京都千代田区神田三崎町二丁目22番14号
電話 編集 (03) 3230-9411
営業 (03) 3230-9412
https://www.sanseido.co.jp/

落丁本・乱丁本はお取り替えいたします。　　〈毎日リスニング1・96pp.〉

ISBN978-4-385-26038-9